PROGRAME

DES

HOMMES.

A

PROGRAME
DES
HOMMES,
COMÉDIE-BALLET
EN UN ACTE;

Repreſentée devant LEURS MAJESTÉS,
à Fontainebleau le Mardi 9 Octobre 1764.

DE L'IMPRIMERIE
De CHRISTOPHE BALLARD, Seul Imprimeur du
Roi pour la Muſique, & Noteur de la Chapelle
de Sa Majeſté.

M. DCC. LXIV.
Par exprès Commandement de SA MAJESTÉ.

Les Paroles font de M. DE SAINTFOIX.

La Mufique de M. GIRAULT, Ordinaire
de la Mufique du Roi.

Les Ballets font de la compofition de MM.
LAVAL, Pere & Fils, Maîtres des Ballets
de Sa Majefté.

ACTEURS
DE LA COMÉDIE.

PROMÉTHÉE. Le Sieur Molé.

MERCURE. Le Sieur Bellecourt.

LA FOLIE. La Dlle. Fanier.

Actrice chantante. La Dlle. Dubrieulle.

PERSONNAGES DANSANTS.

PREMIER DIVERTISSEMENT.

La Demoiselle Veſtris.
Les Sieurs Veſtris, Laval.

SECOND DIVERTISSEMENT.

La Demoiselle Lani.

AMOURS.

Les Sieurs Franſique, Céſar, Bauxlieux,
Amonet.

L'EUROPE.

Les Sieurs Campioni, Beat.
Les Demoiſelles Buard, Clairval.

L'ASIE.

Les Sieurs Leger, Hiacinte.
Les Demoiſelles Petitot, Rey.

L'AFRIQUE.

Le Sieur Lelievre, La Dlle. Demiré.

L'AMÉRIQUE.

Le Sieur Dubois, La Demoiselle Godot.

PROGRAME

DES

HOMMES,

COMÉDIE-BALLET.

ARGUMENT.

E fond du Théâtre repré-
sente une Forêt ; on voit
plusieurs Statues au milieu
d'un rond d'arbres; Promé-
thée descend de l'Olimpe, un flam-
beau à la main. Il confie à Mercure
qu'il va peupler la terre en animant
du feu céleste des statues qu'il a faites

par le confeil de Minerve. Mercure a beau lui repréfenter qu'il s'expofe à s'attirer la colere de Jupiter; la gloire d'être créateur l'emporte; & il touche du divin flambeau une des Statues : on entend une harmonie dont Mercure paroît étonné : » Elle » eft fans doute occafionnée, lui dit » Prométhée, par les efforts que » fait la flamme célefte pour péné- » trer, s'étendre & s'infinuer dans les » différentes parties de cette figure; » ne juges-tu pas à propos, ajoûte- » t-il, que nous nous rendions invi- » fibles, & que nous ne paroiffions » qu'après avoir joui de fa furprife » à la vûe du ciel, de la terre, de » ces gazons émaillés de fleurs. » Ils fe rendent invifibles.

P A S D E T R O I S.

Tandis que cette premiere Statue, par fes attitudes & fes pas, marque fa fur-
prife

ꝑriſe & ſon admiration, *Prométhée par
ſes geſtes marque combien il eſt content
de ſon ouvrage*, & *tâche de faire entrer
Mercure dans ſa joye. Il anime une ſe-
conde Statue qui eſt encore celle d'un
homme*, & *qui exprime à la vûe du
Ciel* & *de la Terre les mêmes mouve-
ments de ſurpriſe que le premier. En-
ſuite ils s'aperçoivent, courent l'un à
l'autre, s'embraſſent*, & *ſe donnent tous
les témoignages de l'amitié la plus vive.*
Eſt-il poſſible, *dit Prométhée à Mer-
cure*, que tu ſois inſenſible à ce ſpec-
tacle, à cette ſimpathie, à cette ten-
dre amitié qui les a d'abord unis!
*Il anime une troiſiéme Statue; c'eſt celle
d'une femme; elle ne conſidere qu'un
moment le ciel* & *la verdure; ſes re-
gards tombent* & *s'arrêtent bientôt uni-
quement ſur elle. Elle examine avec une
ſecrette complaiſance, ſa taille, ſes mains,
ſes bras. Elle va ſe mirer dans un baſſin
que forme une chute d'eau au bord de la*

B

couliſſe. Celui des deux hommes qui l'apperçoit le premier, court à elle; charmée à ſa vûe, elle lui fait d'innocentes careſſes. L'autre qui eſt reſté au bord du Théâtre, après les avoir regardés pendant quelque temps, s'approche. Elle lui fait les mêmes careſſes qu'au premier; la jalouſie naît entr'eux; la coquetterie de la femme l'augmente; ils deviennent furieux & ſe menacent. Tandis que l'un avec une branche d'arbre qu'il a arrachée, pourſuit l'autre hors de la vûe du Spectateur, la femme continue de ſe mirer; ils reparoiſſent avec des maſſues; elle tâche de les adoucir. Après différens mouvemens qui peignent également l'amour, la jalouſie, la coquetterie & la fureur, ils ſortent tous les trois du Théâtre.

Prométhée bien mécontent & bien honteux de ſon ouvrage, commence à craindre la colere de Jupiter. Mercure lui conſeille de tâcher d'intéréſſer les Déeſſes & quelques-uns des

Dieux à la fotife qu'il vient de faire,
& après lui en avoir dit le moyen,
» je dois connoître, ajoûte-t-il, la cour
» célefte, & les effets que ne man-
» quent jamais d'y produire la curio-
» fité, la nouveauté, les goûts de
» caprice & les fantaifies de mode;
» fournis-moi feulement des humains
» bien ridicules, & ne t'embaraffe pas,
» je leur promets des protecteurs;
» voyons, examinons, choififfons par-
» mi ces Statues; à la phifionomie, je
» devinerai aifément, & fans craindre
» de me tromper, quel fera le carac-
» tere de chacune. »

Prométhée anime un Petit-Maître
de Cour, un Petit-Maître de Robbe
& un Financier. Au fon de l'or que
le Favori de Plutus remue dans fon
chapeau, le Petit-Maître de Cour &
le Petit-Maître de Robbe viennent le
flatter, le careffer baffement; il fe
débaraffe d'eux d'un air brufque; ils

le fuivent, & tous les trois fortent de deffus la Scène. La Folie fe déguife & pour fe divertir, fe met parmi les Statues. Prométhée la touche du flambeau célefte, & auffi - tôt elle s'élance en danfant avec un tambour de bafque. Elle feint de la furprife à la vûe de Mercure & de Prométhée qui fe rendent vifibles ; elle leur fait des queftions & des raifonnemens qui commencent à leur infpirer des foupçons; ils la regardent de plus près ; elle fe démafque & leur rit au nez. Prométhée lui demande fi elle vient de l'Olimpe, & fi Jupiter eft bien irrité. » Il l'étoit, » lui répond-t-elle, & te menaçoit ; » mais je lui ai repréfenté que tu n'a- » vois animé ces Statues que par le » confeil de Minerve, de la Déeffe de » la Sageffe, qui avoit imaginé ces » nouveaux Etres pour avoir le plaifir » de les gouverner ; que fi leur exif-

» tence étoit un mal, c'étoit donc à
» elle qu'il falloit s'en prendre, & que
» pour la mortifier & la punir, il n'y
» avoit qu'à ordonner que ce feroit
» moi qui les gouvernerois. Jupiter,
» ajoûte-t-elle, m'a fouri, & tout de
» fuite a déclaré qu'il me donnoit dès
» à préfent & à jamais la direction
» générale de toutes les têtes de ce
» monde fublunaire. »

Prométhée un peu raffuré par le
difcours de la Folie, lui remet le
flambeau célefte & remonte à l'O-
limpe avec Mercure.

DIVERTISSEMENT.

*La Folie commence par animer les
hommes :* » *Qu'ils ont l'air pefant &*
» *groffier, dit-elle, il faut efpérer que*
» *mon fexe les polira & leur infpirera*
» *un peu de fa vivacité.* » *Elle anime
enfuite les femmes fur une mufique plus*

douce & plus légere. Les hommes dont les fens font auffitôt frappés à la vûe des femmes, courent à elles avec tout le feu des defirs. Elles fe deffendent de leurs careffes, & les repouffent avec modeftie & fierté. On voit arriver quatre petits Amours qui s'approchent des femmes, & qui leur préfentent des guirlandes de fleurs d'un air foumis & refpectueux. Ils reprochent enfuite aux hommes par leurs geftes & leur danfe pittorefque, leurs manieres vives & brufques, & finiffent par leur enfeigner la façon dont ils doivent s'y prendre pour plaire & fe faire aimer. Les hommes inftruits par les Amours, fe mettent aux genoux des femmes qui les enchaînent avec les guirlandes.

UNE ACTRICE CHANTANTE.

Heureux mortels, nés pour nous obéir,
    L'empire de vos Souveraines
Eft fondé fur les Loix que dicte le plaifir:

,Venez, empreffez-vous de recevoir des
   chaînes,
Heureux Mortels, nés pour nous obéir.

On danfe.

L'ACTRICE CHANTANTE.

Chantons, célébrons la Folie ;
La gaieté vole fur fes pas,
La volupté naît dans fes bras,
Et le plaifir lui doit la vie.
Chantons, célébrons la Folie, &c.

*Chaque femme danfe avec l'homme fur lequel elle
a jetté les yeux, avec un air de dignité qui annon-
ce qu'elle voudra bien en faire un mari.*

FIN.